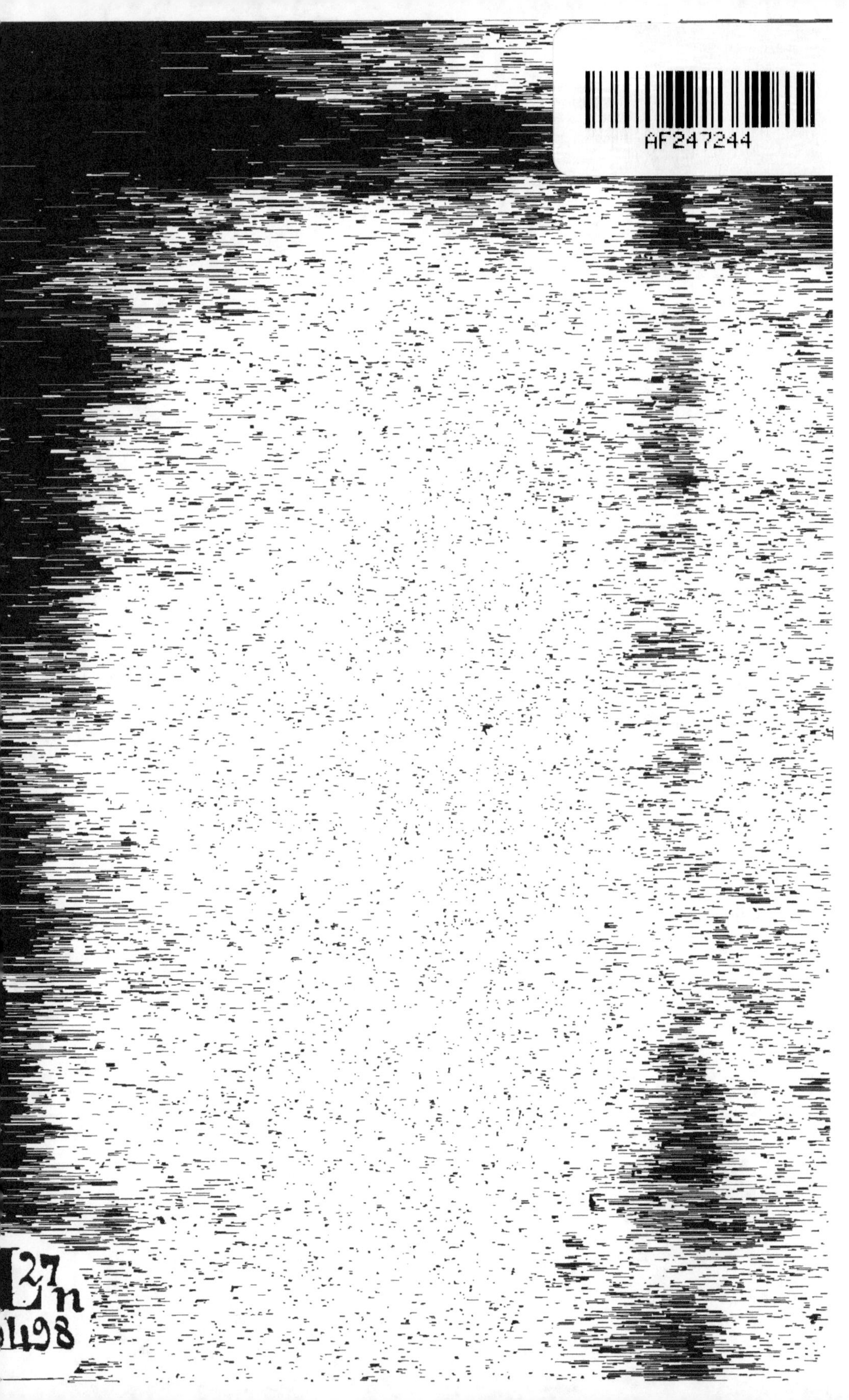
AF247244

L n̄ 20498.

NOTICE ⁽¹⁾

SUR LA VIE ET LA MORT

De Pons-Emmanuel de Villeneuve.

PONS-EMMANUEL DE VILLENEUVE naquit à Paris le 13 Mai 1828. Unique et précieux rejeton d'une union contractée sous les auspices de la Religion, et formée avec ces illusions de l'espérance qui nous peignent le bonheur sous sa plus douce image, et voilent à nos yeux l'avenir. A peine sorti du berceau de la première enfance, il fut emmené de Paris sous le toit de ses grands parents, dans une lointaine et paisible solitude où devaient s'écouler les premières années de sa trop courte vie. La révolution venait de changer l'existence, la demeure et les habitudes de sa famille ; desormais une retraite profonde et le tranquille séjour de la campagne,

(1) Cette triste Notice, sur l'obscure vie et la sainte mort d'un enfant, est destinée à offrir à sa famille et à quelques amis un édifiant et douloureux souvenir. C'est le tribut des dernières heures qu'ait pu consacrer à son fils d'adoption, à son élève bien aimé, celle qui, si jeune encore, lui dévoua sa vie, et guida dans son rapide ascendant cette vaste et précoce intelligence. (NOTE DE L'ÉDITEUR. Juillet 1844.)

devenaient le théâtre de ses jeux. La tempête politique fixait à Toulouse et dans le Midi, ses parents et l'aïeul vénéré dont sa précoce intelligence recueillit les leçons.

Un orage plus terrible en ses ravages au foyer domestique vint, en octobre 1832, anéantir le bonheur de son père. La mère disparut aux yeux de son fils, laissant à une autre affection les soins d'un constant dévoûment et de l'active tendresse qui commencèrent à diriger son esprit et à éclairer sa raison. Toutefois l'image de sa mère resta fortement empreinte dans son souvenir et se présentait avec un tendre regret à son cœur ; car Pons-Emmanuel semblait n'avoir de l'enfance que les grâces naïves et la vive gaîté. Déjà se manifestait et se développait en lui le germe d'un caractère sérieux, d'un esprit mûr, d'une pensée profonde. Son âme fortement trempée, son cœur réellement sensible se révelaient dans ses jeux, dans ses études, dans des mots heureux qu'on ne recueillait pas alors, mais que maintenant le culte de la douleur rassemble ; comme un naufragé dans l'horreur de son désespoir réunit des débris épars, qui vainement lui rappelent un bonheur qui n'est plus.

Doué d'une rare intelligence, d'une verve étincellante et originale, d'un goût décidé pour tout objet digne de fixer son attention et d'éclairer son jugement, aimable à ses parents, compatissant envers ses inférieurs, attachant par sa bonté, ce jeune enfant, en qui la grâce hardie d'un corps leste et agile répondait à la vivacité d'esprit, animait tout par sa joyeuse pétulance. Tantôt sa folie enfantine dissipait autour de ses parents les nuages qui s'amoncèlent sur la route de la vie, tantôt sa raison jetait les clartés les plus vives, et laissait entrevoir l'homme distingué que les années n'ont point attendu.

Elles s'écoulaient ces années dans l'uniformité d'une vie tranquille et réglée ; confié aux soins de sa plus jeune tante qui, sous l'inspiration d'un père, dévouait à cet enfant bien-aimé les heures de ses jours et les rêves de ses nuits, il apprenait à s'associer aux intimes pensées de la famille, à ses joies, à ses peines, à ses sollicitudes. Sa riche imagination s'animait d'un vif enthousiasme au récit des devoirs glorieusement accomplis par ses ancêtres ; unissant alors le passé et l'avenir, il s'excitait au désir de marcher sur leurs traces, il se voyait les imitant et comprenait qu'il était digne d'eux. Ce n'était point une vanité frivole, mais le sentiment d'un noble devoir qui l'attachait si fortement aux anciens souvenirs : puis ramenant sa jeune pensée vers celui que dans un âge si tendre il avait su comprendre, qui dirigeait les tendres soins de son jeune guide ; c'était son aïeul qu'il se proposait pour le modèle de sa vie ; un mot de lui calmait ses mouvements impétueux, dominait ses caprices enfantins : il reconnaissait la main ferme et douce qui devait le guider à travers la mer orageuse du monde.

En 1835, parut un livre grave, sévère, profond ; lumineux ouvrage de celui dont sa raison prématurée avait pénétré la haute sagesse. Ce livre, l'*Agonie de la France* (1), semblait devoir briller d'un éclat inconnu aux ébats de la joyeuse enfance ; à huit ans comment écouter

---

(1) L'Agonie de la France. — Examen de la Situation Morale, Matérielle. — Politique de la Monarchie Française. Par M. le Marquis de Villeneuve.

un instant, comment porter le moindre intérêt à un sujet si élévé ? Mais sa tante devenue tour-à-tour sa mère, sa sœur, son amie, aidait ce jeune esprit dans ses aspirations à tout ce qui était au-dessus de son âge ; tour-à-tour lui offrant ses leçons et partageant ses jeux, elle éprouvait le besoin de ressentir avec lui les mêmes impressions, elle lui lisait des passages, elle lui traduisait les pensées de ce remarquable ouvrage, dont la pénétrante vérité, la verve élégante, en éveillant son goût, et dirigeant ses idées, continuait pour elle et commençait pour lui le bienfait de l'éducation paternelle. Que de fois l'amie et l'élève trompèrent les heures d'un triste et morne hiver, en prolongeant ces entretiens que l'attrait mutuel ne permettait plus d'appeler des leçons ! Que de fois ils parcoururent ensemble ces collines, ces sentiers, ces vallons, toujours élevant leur cœur et leur esprit vers Dieu, alors qu'ils admiraient les beautés de la nature, et animaient les lieux qu'ils parcouraient en y associant et y évoquant tous les noms sur lesquels se portaient leurs études. Quel charme dans ces campagnes dont le poétique aspect éveillait leur enthousiasme ! Quel silence maintenant ! quel vide ! quelle amère solitude !

Cependant en avril 1838, Pons-Emmanuel allait avoir 10 ans, il fallait ouvrir un plus vaste essor à ses rares facultés ; des sciences devenaient nécessaires à acquérir, et son esprit dévançant les années, réclamait des connaissances plus étendues et un enseignement plus sévère. Son caractère vif et quelquefois impérieux demandait aussi une volonté plus ferme, une vie moins paisible que celle du toit paternel.

Ce ne fut pas sans verser des larmes qu'il s'éloigna

pour la première fois du château où il venait de passer
les heureuses années de son enfance ; ce ne fut pas sans
éprouver au fond du cœur un profond sentiment de tristesse qu'il adressa ses adieux à son grand-père vénéré,
à sa grand'mère, qui n'avait cessé de l'entourer de ses
plus tendres soins, à sa tante qui, devenue sa mère, lui
avait dévoué toute son existence.

Son père, éloigné de lui par de pénibles soins, était
privé du bonheur de suivre cet aimable enfant dans
toutes les actions de sa vie. C'était à Toulouse que Pons-
Emmanuel entrait dans une maison faite pour répondre
à une juste confiance : bornée à un petit nombre d'élèves, cette maison assurait aux parents des soins qui se
rapprochaient de ceux qu'on trouve sous le toit paternel.
Là, Pons-Emmanuel allait poursuivre son éducation classique, sans avoir à éprouver le pénible labeur des com-
mencements ; il avait déjà fait de grands progrès dans
l'étude des langues anciennes, et se jouait de difficultés bien
au-dessus de celles qui arrêtent des étudiants plus avancés
en âge ; là, il allait apprendre à unir aux dons que lui
avait prodigué la Providence, l'habitude de la complai-
sance et la douceur de l'amitié. Bientôt il eut gagné tous
les cœurs ; cette tâche lui fût facile, car plein d'émula-
tion et du désir généreux de surpasser ses condisciples,
jamais un sentiment d'envie ou d'orgueil ne vint flétrir
sa pensée et se mêler à ses succès.

A Toulouse on l'entourait de soins constants et éclai-
rés : sa santé, que l'abandon des premiers temps de son
existence avait ébranlée, exigeait une attentive et ma-
ternelle surveillance ; elle lui fut donnée par l'aînée de
ses tantes, la vicomtesse de Lordat, femme distinguée

par la droiture et l'élévation de son âme, la chaleur de ses affections. Habitant Toulouse , a elle désormais appartînt le droit si doux d'encourager ses progrès.

L'année scolaire avait terminé son cours. Pons et ses condisciples attendaient, avec une égale impatience, le moment où les prix leur seraient décernés. Ce n'était pas avec inquiétude qu'il voyait arriver le jour qu'il pressait de ses vœux ; son étonnante facilité l'avait déjà signalé parmi les élèves les plus distingués. Son père alors à Paris ne put le couronner de sa main, ce doux et gracieux privilége fut dévolu à celle de ses tantes qu'il avait quitté pour entrer au collége.

La distribution des prix fut précédée d'un drame joué par les élèves, et où le principal rôle avait été donné à Pons. Sa singulière pénétration , fit saisir des allusions qui révélèrent à tous, l'énergique et profonde sensibilité de cet intéressant enfant. Rien ne saurait peindre sa naïve candeur, sa vivacité, l'entraînement de son regard, la plaintive éloquence de sa voix, l'expression de tristesse qui voilait son visage ; Pons s'effaçait tout-à-coup pour y laisser éclater l'explosion de la joie, quand le dénoûment du drame fait succéder à une entière séparation, le bonheur d'une réunion que sa piété filiale appelait de toute l'ardeur de ses vœux. Des pleurs coulèrent de tous les yeux ; on s'étonnait de cette pénétration qui sondait un malheur dont son cœur seul avait su deviner le mystère. Jamais, cependant, une question n'avait trahi la secrète douleur de son âme, mais on s'apercevait que ce cœur aimant souffrait et qu'une première affection manquait à sa vie.

Les mêmes études et les mêmes succès remplirent le

cours de 1839 et de 1840. Chaque jour se développaient ces trésors d'intelligence qui lui avaient été si richement départis ; chaque jour, hélas! préparait de nouveaux regrets.

Au mois d'avril 1841, des symptômes alarmants annoncèrent l'invasion d'une de ces maladies courtes, mais terribles qui, souvent en quelques heures, tranchent le fil de nos jours : il fut atteint d'une fluxion de poitrine. Consumé par une fièvre violente, sur son visage apparaissaient tour-à-tour une pâleur mortelle ou une vive rougeur. Seul, alors près de lui, son aïeul en proie aux plus vives angoisses, souffrant de sa souffrance, observait d'un œil attentif les moindres variations, qui tantôt accablaient, tantôt relevaient son courage. Le père de Pons-Emmanuel retenu loin de lui, gémissait de la longue distance qui rendait ses sollicitudes plus cruelles, et conjurait celui qui d'un souffle *guérit et ressuscite*, de ne point accroître le poids de ses malheurs. Il fut entendu : et Dieu suspendit le coup terrible qui a courbé nos têtes et banni la joie de nos cœurs.

Les progrès du retour à la santé furent aussi prompts que l'invasion de la maladie avait été rapide. Un lien de plus resserra la touchante affection qui unissait le petit-fils et l'aïeul, ce lien fut celui de la reconnaissance.

Pons-Emmanuel touchait à cette époque importante de la vie, où l'enfant arrivé à comprendre les hautes vérités de la Religion, est admis à goûter ses consolations divines, et à participer aux grâces que lui offre le sacrement le plus auguste. Le temps de sa première communion approchait : son âme pure et élevée, son cœur pénétré des pensées de la foi lui faisait désirer avec ardeur ce moment solennel. Il se préparait à recevoir son Dieu avec la pureté d'un ange, avec la grave et profonde conviction d'un saint.

Le prêtre vénéré, M. l'abbé Buissas, alors curé de Saint-Étienne, maintenant évêque de Limoges, précieux ami du père de Pons, l'homme distingué dont la haute science et la douce sagesse descendant à l'enfance préparèrent son âme en l'éclairant des lumières de la foi, a souvent consolé nos douleurs, en nous ramenant à cette époque dont le touchant souvenir rendait sa sympathie plus vive et son émotion plus profonde.

Le 3 mai 1842, quelle journée! Quel souvenir pour toute une famille vouée maintenant à la douleur! Quel cœur n'eût été ému, en observant ce jeune enfant au pied de l'autel où le Dieu qui frappe et guérit, qui afflige et console, qui commande aux cieux et à la terre, allait descendre pour le combler de ses dons! Son visage animé, ses yeux dont la vivacité était tempérée par une angélique douceur, son maintien sérieux et modeste, le charme répandu sur ses traits où se révélaient l'innocence de son âme et le bonheur dont il savourait l'étendue, tout en lui s'animait d'une même pensée. Sa voix sonore, alors tremblante d'émotion, pénétrait d'un sentiment religieux pendant qu'il répétait les touchantes paroles qui précèdent et suivent l'instant suprême où le chrétien s'anéantit devant la majestueuse apparition de son Dieu. Ses condisciples écoutaient les invocations dont nul ne comprenait, comme lui, le sens vrai et profond. Nul n'adressait, au Dieu qui change les cœurs, des vœux aussi ardents que ceux que, dans la ferveur de sa tendre piété, il élevait au ciel pour obtenir la fin du délaissement dont il n'était pas le seul à sentir l'amertume. Son père était venu de Paris pour associer ses prières à celles de cet enfant si précieux.

Trois mois s'écoulèrent ensuite; Pons-Emmanuel recueillit les fruits précieux de sa première communion. On remarqua en lui plus de zèle à tous ses devoirs, plus d'application à ses études.

Mais voici un coup affreux et inattendu qui vient troubler son bonheur, et lui apprendre, à lui si jeune, que la vie est tissue d'amères tristesses et de joies fugitives. Son grand-père est atteint d'un mal violent qui ne cède ni aux moyens humains, ni aux prières d'une famille consternée. Après six semaines d'une lutte douloureuse où apparaissent, plus dignes encore des regrets et de l'affection les vertus chrétiennes et la tendresse paternelle; après avoir jeté un dernier regard sur une vie que le vent de l'adversité avait plus d'une fois agité, sans troubler cependant le calme d'une conscience pure, sans ébranler la fermeté d'un noble caractère; le marquis de Villeneuve termina sa carrière, non sans laisser l'exemple d'une inaltérable patience, d'une sainte et haute résignation. Mais comme il l'avait dit lui-même dans son éloquent appel au sentiment de père (1): « Tout moi ne va pas » me suivre au tombeau, je laisse sur la terre la chair » de ma chair, le sang de mon sang ». En exhalant son dernier soupir, il apercevait, au loin dans l'avenir, ses enfants et leurs enfants, la séparation déchirante était adoucie par la consolante idée que son nom serait parmi eux béni et vénéré. Hélas ! celui dont il avait guidé les

____

(1) L'agonie de la France. T. 2, p. 244.

jeunes années, celui sur qui reposait sa mourante espérance, devait disparaître avant deux ans, sans avoir essayé de la vie!

Pons-Emmanuel venait de finir son année d'études : sous quels tristes auspices s'offrait à lui le temps des vacances! Il assistait à la cérémonie funèbre, et l'on vit en lui, non les mouvements irréfléchis d'une émotion passagère, mais le caractère d'une vraie et profonde douleur. Trois mois s'écoulèrent ensuite dans sa famille; il la consolait, la ranimait, il savait surtout s'associer à la tristesse de sa bien-aimée grand'mère; ses soins constants, son attentif et continuel désir de la distraire de ses peines avait quelque chose de tendre et de doux qui chaque jour le rendait plus aimable.

Ses forces physiques se développaient en même temps que ses qualités morales. Rien n'égalait son activité : son tempérament nerveux lui faisait supporter les fatigues avec une mâle énergie : et si la pâleur de son teint rappelait la délicatesse des premières années de sa vie, la spirituelle et vive animation de sa physionomie, l'agilité de ses mouvements dissipaient toute inquiétude.

On l'apercevait souvent parcourant à cheval, avec la rapidité de l'éclair, les chemins dont il connaissait tous les détours, et pendant, qu'avec la gaîté et l'abandon de l'enfance il se plaisait à ces courses hardies, son cœur attentif à soulager la misère, à consoler la douleur, aimait à épancher dans le sein du pauvre ces secours inattendus qui le soutiennent et le raniment : que de fois on le vit franchir la distance, arriver au chevet d'un malade, d'un mourant, et laissant au seuil de l'humble manoir, la démarche joyeuse et légère de son jeûne âge, emprunter, à une époque plus mûre, la gravité, l'onction et la fermeté qui le transformaient en un modèle accompli des plus hautes vertus.

Quelquefois le hasard amenant sur sa route le silencieux et triste cortège qui accompagnait le Pasteur portant le pain de vie à celui sur qui planait la mort; on le voyait suspendre subitement sa course, se découvrir avec respect, se joindre à pied au groupe pieux, s'agenouiller près du lit de douleur, s'élever par la pensée jusqu'à concevoir le calme divin, la résignation sublime que l'imposante solennité laissait dans l'âme du chrétien, dont les derniers instants étaient comptés : alors les cœurs s'ouvraient à l'espérance au milieu de ces scènes de douleur, en voyant ce jeune enfant devenir la providence des malheureux, l'appui de la faiblesse, la joie, le trésor de tous.

Une pauvre jeune fille visitée et consolée par lui, a raconté avec des larmes de reconnaissance, comment après avoir la veille suivi, avec un recueillement profond, le Dieu qui venait lui apprendre à mourir, Pons avait reparu le lendemain pour être auprès d'elle un ange consolateur, comment cet enfant précieux avait fait entendre sa voix pénétrante, parlant de la mort comme d'un passage, et de l'éternité comme du but unique de notre espérance. Il lui disait : « Vous êtes jeune, vous souffrez,
» vous regretterez vos pauvres parents, Dieu vous afflige,
» mais votre épreuve sera courte, vous allez au ciel,
» oh! vous serez bien heureuse, vous verrez Dieu ». La jeune paysanne a survécu à ces exhortations touchantes, et celui qui lui parlait le langage de la foi, est allé cueillir les palmes dont il semblait envier la gloire et le bonheur.

De tels exemples donnés cependant dans le secret d'une vie qui se cachait aux louanges, attiraient sur Pons l'admiration et le sincère attachement des rustiques habitants de son heureuse demeure ; aussi, que de pleurs amers sa mort a fait couler !

La maison où il avait commencé son éducation classique, n'était destinée qu'à des enfants au-dessous de 14 ans. La résolution fut prise de le mener à Paris, de le confier à M. l'abbé Dupanloup ; sous cette haute direction, dans un établissement éminemment formé pour instruire et guider la jeunesse, il y avait des motifs puissants d'attendre de Pons-Emmanuel, des progrès rapides qui en peu d'années améneraient la fin de ses études. Cependant une maladie de courte durée fixa l'attention de son père ; durant les vacances de 1843, appelé à exercer, près de son jeune fils, à la fois la vigilance d'un père et l'inquiète tendresse d'une mère, il arrêta sa pensée sur la longue distance qui allait de nouveau le séparer de ce cher et unique objet de ses affections, et il renonça à le ramener à Paris.

Plus rapprochée de lui, la ville de Pons en Saintonge possède une réunion d'hommes distingués par leur zèle, leur piété et leur savoir. L'ordre parfait, l'esprit de subordination, l'impulsion religieuse qui a dirigé et rassemblé, sous un chef ecclésiastique, un nombre de sujets d'élite voués à l'éducation chrétienne, la situation topographique de ce collége, le caractère personnel du supérieur, pressèrent le père de Pons de suivre l'impulsion de son cœur, sans nuire au précieux avenir de son fils. Sa sœur, la vicomtesse de Lordat, allait aussi mettre son fils unique sous la même direction. Ces deux enfants étaient unis par les liens d'un sincère et vif attachement. Ils étaient dignes l'un de l'autre, et les parents voyaient, avec un pressentiment de bonheur, ces deux rameaux soutenant mutuellement leur faiblesse, et se promettant dans le sein d'une amitié pure, un secours mutuel au milieu des orages de la vie.

Ce fut le 25 octobre 1843, qu'il arriva dans cette maison, la dernière qu'il devait habiter dans son court pélerinage sur la terre. Mais cette sombre pensée était loin de son esprit; après trois ans ses études seraient terminées, il revenait au toit paternel et là se bornaient tous ses vœux. Ses larmes cependant coulèrent en voyant son père s'éloigner de lui; car toujours plus sensible et plus aimant; il éprouvait d'amers regrets quand disparaissaient pour un temps les objets de ses tendres affections.

Ses premiers succès, son application, sa piété, méritèrent bientôt l'approbation de ses maîtres, tandis que son caractère loyal, enjoué et facile lui gagnaient le cœur de ses condisciples. Trois mois s'écoulèrent, chaque jour développait sa féconde intelligence, et pourtant il souffrait !

Ici commence un exemple admirable d'une vertu consommée, d'une inaltérable patience, dans un enfant qui n'avait pas atteint l'âge de seize ans. Souffrir sans se plaindre, renfermer le désir de revoir son pays, ses chers parents, continuer avec plus de zèle encore le cours de ses études, dissimuler dans ses lettres jusqu'à l'ennui de sa souffrance pour ne pas troubler par de vives sollicitudes, la confiante [sécurité où l'on vivait loin de lui; telle fut sa vie du 27 janvier 1843, ou 3 avril 1844.

C'était par la condamnation à l'immobilité que cette longue épreuve avait commencé. Plus d'exercices, plus de jeux : une jambe qu'on croyait raidie par l'atteinte d'un rhumatisme passager, se refusait au moindre mouvement. On comptait d'abord n'avoir à combattre qu'un mal dont on accusait l'hiver, et l'humidité du climat ; et lorsque les jours s'avancèrent vers une plus chaude saison, on crut à son influence décisive, et aux eaux des Pyrénées : son père dont l'arrivée était attendue jugerait d'ailleurs, pensait-on, et prononcerait lui-même sur le sort de son fils. Une surveillance plus inquiète, un soin plus paternel eussent hâté par une lettre l'arrivée d'un père à qui ses malheurs ôtaient la liberté de suivre des plans fixés avec une invariable exactitude. La Providence, dans ses impénétrables desseins, voilait aux yeux de la famille, des amis, des maîtres du jeune malade le mal qui minait sa vie.

Cependant le repos absolu, et la monotone tristesse de ses longues journées n'altéraient ni l'égalité de son humeur, ni la sérénité de ses traits. Soumis aux rigoureuses exigences qu'imposaient à sa patience les soins même dont on l'entourait, soumis non avec la crédule confiance d'un enfant mais avec la courageuse résignation d'un chrétien, il voyait ses heures s'écouler sans qu'aucun changement vînt relever son courage et ranimer son espérance.

Le 3 avril, son père arrivait à Pons ; il ignorait, hélas ! la carrière douloureuse qui s'ouvrait devant lui. Ah ! pourquoi Pons n'avait-il pas dissipé lui-même cette funeste ignorance ? Trop de délicatesse et de sensibilité avaient arrêté sa plume.

Le 3 avril, quel contraste! le père de Pons ne retrouvait plus cette vive et joyeuse jeunesse, cette gaîté de seize ans dont le charme est à la mélancolie de l'homme ce qu'est à l'ombre un rayon du matin. Pons se traînait avec une extrême difficulté, ses yeux éteints, ses joues pâles et amaigries, la languissante expression de sa physionomie, tout décélait en lui la trace de la souffrance. Cruel changement, présage du plus affreux malheur. Le danger cependant n'apparaissait pas encore, mais le moment de prendre une résolution décisive était venu.

Plusieurs voies s'offraient dans cette anxiété déchirante; mais, hélas! il n'appartient pas à l'homme de sonder les secrets de l'avenir. Souvent trompés à la lueur incertaine de notre raison, c'est la mort et non la vie que nous apportons nous-mêmes à ces êtres si chers dont l'existence est le premier de nos biens.

On commença par les conseils du docteur auquel était confié le jeune malade; un traitement rigoureux qui devait, au prix des plus vives souffrances, rappeler le mouvement dans le membre frappé d'insensibilité. Une éruption violente se déclara bientôt; son corps n'était qu'une plaie; cet enfant si actif, si pétulant gissait dans une complète immobilité, et cependant pas une plainte, même quand la plus légère secousse ajoutait des douleurs aiguës à ce long martyre. « Cet état vaut peut-être » mieux pour le bien de mon âme », disait-il à son père, compagnon inséparable de ses pénibles angoisses.

Le Samedi-Saint, il exprima le désir de voir son confesseur, comme s'il eut pressenti sa fin prochaine, et que sa foi voulut puiser de nouvelles forces dans le sacrement qui rend au pécheur sa première innocence.

Le jour de Pâques, il demanda a être transporté dans la tribune de la chapelle du collége; il fit sur lui-même des efforts prodigieux pour dissimuler ses cuisantes douleurs; mais toutes les facultés de son âme semblèrent s'anéantir dans l'immense pensée de la résurrection d'un Dieu; il sut s'élever par son courage au-dessus des faiblesses de l'homme; il sut imposer silence à la nature : épuré, grandi par la souffrance, déjà il avait deviné le haut enseignement que la Religion nous donne. Savoir souffrir, savoir mourir ces deux salutaires et sublimes fruits des longues méditations du chrétien, en quelques jours, en quelques heures, lui avaient été révélés.

Les derniers sons qui frappèrent son oreille furent les chants de triomphe qui célèbrent la résurrection du Rédempteur. L'Église, la veille encore revêtue des lugubres insignes de deuil., est plongée dans une sombre tristesse, mais tout-à-coup elle paraît sortir aussi du tombeau, la joie brille à son front, une glorieuse espérance la ranime; l'avenir s'ouvre, la mort est renversée, une vie nouvelle commence : hélas! pourquoi ce contraste, pourquoi ces chants, cette pompe? La mort est ici; elle se peint déjà en traits sinistres sur le visage de cet enfant, elle est au fond de nos cœurs brisés, elle nous inonde d'amertume ; la victime va être frappée. Plus de joyeux cantiques; que la Religion pleure aussi, et qu'au lieu d'hymne d'allégresse, elle réponde à nos intimes douleurs par ses plus tristes accents.

Cependant, trop courageux pour céder aux souffrances, le jeune Pons suivait de loin encore le cours de ses études; son esprit conservait toute sa liberté, son âme toute son énergie. Sans peine et sans efforts, il obtenait

les succès qui eussent charmé le cœur d'un père et fait
la joie de ceux qui l'aimaient. Sa dernière composition
était en vers latins; il fut premier, et telle était déjà sa
haute vertu qu'au lieu de trouver dans cette marque de
supériorité sur ses condisciples un sujet de s'énorgueillir,
il prit soin d'atténuer lui-même les éloges justement mé-
rités. Il répondit avec tout l'attrait de la modestie : « J'ai
» été heureux, j'ai assez bien rencontré »; puis il dé-
tourna la conversation.

A son âge, où les liaisons d'enfance semblent devoir
n'exercer sur les cœurs qu'une influence éphémère, il
possédait l'amitié de ses émules ; les sentiments qu'il
éprouvait, ceux qu'il inspirait empruntaient aux années
avenir la force et la durée. C'est ainsi qu'il dominait par
ses rares qualités sans exciter l'envie. Un autre jour un
de ses condisciples vint hors d'haleine lui annoncer qu'il
était encore le premier, et les deux amis goûtèrent ensemble cette pure jouissance connue des cœurs généreux.

Le 9 avril, il demanda à son père de faire commencer
une neuvaine à Garraison (1). Quelques heures après, il
parut se repentir d'avoir exprimé ce désir. Obéissant jusqu'à la mort à celui qui sonde jusqu'aux plus intimes
pensées, il craignit de restreindre cet héroïque et touchant abandon qu'il lui faisait de son existence. « C'est
l'accomplissement de la volonté de Dieu que je dois de-
mander, dit-il, et non ma guérison ». Son père rassura
cette âme innocente et ils unirent leurs ferventes prières ; l'un des deux devait bientôt les continuer parmi les
anges.

____

(1) Chapelle, consacrée par de pieux pélérinages dans le diocèse de
Tarbes.

Les premiers jours du mois de mai consacré à Marie, redoublèrent sa confiance et les élans de sa piété. Plus il souffrait, plus il priait et plus sa foi s'animait ; les jours se pressaient cependant et on allait voir disparaître ce jeune modèle de la patience chrétienne.

On avait retardé pour lui l'inéffable bonheur de la communion pascale ; on croyait hélas ! que revenu à la santé, il s'agenouillerait à la table sainte ; mais il n'en fût pas ainsi. C'est alors qu'on vit briller en lui avec tant d'éclat la plus pure lumière de la foi. Tantôt plein d'une confiance filiale, il appelait de ses vœux les plus ardents la main divine qui apporterait le remède à sa souffrance, tantôt absorbé par la grandeur infinie de Dieu, il s'humiliait et s'anéantissait devant elle. Il s'était confessé quatre fois avant le jour où tant de grâces lui étaient réservées ; ce jour fût le dimanche 5 mai. Il demanda trois quart-d'heure de silence et de profond recueillement avant l'instant solennel, et lorsqu'il fût venu, son regard angélique, le rayonnement d'une joie vive et pure apprirent aux assistants que son âme goûtait les délices du ciel. Trois quart-d'heure s'écoulèrent encore pendant lesquelles il voulut goûter la plénitude de son bonheur et offrir ses actions de grâce pour cet immense bienfait.

Un mieux subit ouvrit un instant les cœurs à l'espérance, mais elle s'évanouit pour toujours à l'invasion d'une fatale fièvre pernicieuse cachée sous celle causée par le traitement rigoureux qu'avait amené de si vives souffrances. Tout-à-coup des symptômes effrayants laissèrent apercevoir le danger, de violents maux de tête en signalèrent l'apparition.

Le dimanche 12 mai, son père ne se dissimulant plus

l'excès de son malheur, saisit un moment de calme, s'approcha de son fils et lui dit : « Mon enfant, es-tu bien
» résigné à la volonté de Dieu ? — Oh oui, mon père, ré-
» pondit-il avec un héroïque abandon. Mais tu entends à
» la volonté de Dieu *quelle qu'elle soit ?* — Oui, oui,
» mon père ! » Sa pénétration avait tout deviné et venait
de faire le sacrifice de sa vie.

Le 13 mai, anniversaire de sa naissance, Pons-Emmanuel voua son pieux souvenir au jour où l'eau du baptême avait coulé sur son front. Il atteignait seize ans, et sa mère si heureuse alors s'était séparée de lui ! elle avait fermé son cœur au bonheur, aux douces consolations, aux joies pures et vraies dont un enfant si distingué eût embelli son existence ; peut-être cette amère pensée, en pénétrant au fond de l'âme du jeune Pons vint-elle encore une fois ajouter son poids accablant à la tristesse qui enveloppait ce lit de douleur.

Le mardi 14, un médecin fut appelé de Toulouse, par le père de Pons ; malgré sa souffrance, le jeune malade conservant sur ses traits une expression grâcieuse, et dans son cœur un reconnaissant souvenir, lui dit, en l'apercevant ; ah c'est vous, Monsieur, qui m'avez soigné dans ma grande maladie ; sa mémoire lui rappelait la crise violente qui quelques années auparavant avait menacé sa vie.

Tout le jeudi n'amena aucun soulagement, la fièvre ne cessait pas, les pulsations devenaient plus fréquentes, l'anxiété du malheureux père était un spectacle déchirant ; seul en ce lieu de désolation, il dévorait sa douleur pour conserver le courage d'agir, à peine osait-il interroger les médecins qui déjà fuyaient son approche et tremblaient d'expliquer leurs alarmes. Tandis que l'effroi glacait tous les cœurs, l'intéressant enfant doucement occupé de Dieu, ne songeait qu'à continuer le saint exercice de sa pieuse et touchante résignation, il murmurait quelques dixaines du chapelet ; on entendait s'échapper de ses lèvres de courtes invocations qui décélaient sa paix et sa confiance : *Salus infirmorum !* puis avec un accent d'animation : *Sursum corda !* et enfin comme se répondant à lui-même et comme la révélation de son intime pensée : *Habemus ad Dominum.*

Le même jour ayant touché légèrement un objet qui lui appartenait, d'une voix altérée par la souffrance, il laissa tomber ces mots : « Pauvre écolier, ton règne est » fini ! » Bientôt il ajouta : « Mais mon royaume n'est « pas de ce monde ».

Pour prévenir une surprise, dont l'effet aurait pu lui être fatal, son père l'avait averti de l'arrivée probable de sa mère qu'à plusieurs reprises il avait fait appeler. On a dit combien son nom était demeuré cher à son cœur, où l'amour filial l'avait gravé en traits ineffaçables. Le rêve de sa vie avait été de resserrer les liens dont la rupture avait assombri ses jeunes années « Elle n'est pas » venue pour ma première communion ! elle ne viendra » pas », ajouta-t-il avec l'expression d'une douleur amère.

Sa grand'mère et sa tante de Lordat arrivèrent auprès de ce lit de mort, le jour de l'Ascension ; sa plus jeune tante, celle qui avait été pendant sept ans sa compagne, sa mère, sa vigilante institutrice, était alors à Paris et ne connut pas l'imminence du danger. Il était sous le poids du plus effrayant accès en ce moment, il reconnut sa tante, sa grand'mère craignit d'exciter son émotion et renonça à sa dernière consolation.

Sa mère aussi était venue, son père la lui nomma !
« Ah! où est-elle »? dit-il, avec une expression de vive
satisfaction, qui pour un moment anima son visage.
« Vous êtes venue de bien loin pour vous fatiguer et
» vous rendre malade ». Puis il rentra dans un état
d'exaltation qui ne lui permettait pas de suivre ses
idées, quoiqu'il conservât sa présence d'esprit. Le lendemain matin, le médecin vint, sa mère était près de son
lit; quelle est cette dame? lui demandât-il. Pons pour éviter
toute question indiscrète avait pris la résolution de dire
qu'il n'avait point de mère : et, même alors, il eût la
force de suivre ce plan conçu avec la sagesse et la pru-
dence d'un homme mûri par le malheur. Il répondit
donc au médecin : C'est une dame venue de Toulouse
pour me soigner.

Le samedi, 18, au matin, un profond silence régnait
autour de lui, son père osait à peine suivre chaque
mouvement de sa pénible respiration. Tout-à-coup Pons
d'une voix solennelle fait entendre ces mots : *Adieu
mon père!* puis il retomba dans une sorte d'insensibilité.

Toute cette journée du samedi s'écoula dans des angoisses douloureuses. On voyait que la faiblesse augmen-
tait et que la mort s'avançait. Vers minuit, on força la
grand'mère et la tante de Pons-Emmanuel à s'éloigner
quelques instants pour prévenir l'excès de leur douleur.
Le père resta près de son fils mourant; Clémence, sa
mère, voulut aussi veiller pendant cette nuit, ainsi que
la sœur supérieure et un jeune prêtre, infirmier, qui avait
soigné ce pauvre enfant pendant toute sa maladie avec un
tendre attachement.

On n'attendait plus que le dernier moment; la respiration devenait à chaque instant plus courte, ses yeux se voilaient. Les traits de la mort semblaient déjà empreints sur son visage, lorsqu'on entendit quelques paroles sortir de sa bouche. On se rapprocha de son lit, on s'aperçut qu'il reprenait sa connaissance. Son père envoya avertir un prêtre, afin de lui donner la dernière absolution avec les indulgences *in articulo mortis.* Pons-Emmanuel recueillit son attention, suivit l'absolution du signe de la croix; et alors commença une scène faite pour ravir les anges et les hommes : son visage, où se traçait la douleur en lignes profondes, prit tout-à-coup l'expression de la santé et du bonheur, ses joues se remplirent, son teint se colora, ses yeux déjà vitrés s'agrandirent et devinrent sereins et brillants. Il se releva sur son séant, et fermant sa main pour faire signe d'un seul doigt, il fit approcher son père; puis répétant lentement le même signe, il fit approcher sa mère; alors d'une de ses mains défaillantes il chercha la main de son père, de l'autre il prit celle de sa mère et les réunit. Puis ses yeux s'élevèrent au ciel avec une joie céleste qui mit les assistants et même Clémence dans l'admiration. Il commença à réciter quelques prières avec un choix et un tact qui ne pouvaient venir que d'inspiration; c'étaient les dernières paroles du *Pater :* « Pardonnez-nous nos offenses, etc. »; celles de l'*Ave Maria :* « Sainte Marie, mère de Dieu, priez pour nous » ; puis celles-ci de lui-même : « Mon Dieu, ayez pitié d'un pauvre prisonnier, du plus ingrat des hommes »; Il voulut chanter un cantique que l'on ne pût pas bien saisir; enfin, d'une voix forte, claire et parfaitement distincte, il dit ces dernières paroles de notre Seigneur sur la croix · « *In manus tuas Domine commendo spiritum meum* ».

On l'écoutait, on le regardait dans le silence de l'étonnement et du recueillement, et les cinq personnes présentes furent frappées de ce moment que l'on peut appeler d'extase, et qui se prolongea pendant une heure et demie. Le prêtre, l'un des témoins, disait que cette nuit était d'un prix infini à ses yeux. « Cet enfant, ajoutait-il, avait l'air de nous dire : qu'il est doux de mourir ».

La mort un moment suspendue reparut avec ses symptômes et à neuf heures et demi du matin, 19 mai, sans râle, sans agonie, un paisible mais éternel sommeil vint fermer ses paupières.

Ainsi fut ravi à sa famille, ainsi disparut de la terre pour s'envoler au ciel, Pons-Emmanuel de Villeneuve, âgé de 16 ans et 6 jours.

C'est alors qu'une longue et florissante jeunesse s'ouvrait devant lui, que sa haute intelligence allait prendre un vaste essor, que son esprit brillant, orné, fécondé par l'étude, allait reluire du plus vif éclat ; alors, hélas ! qu'il devenait l'ami de son père malheureux, le baume consolateur fait pour guérir ses plaies profondes, le rayon bienfaisant qui ranimait l'espérance au fond d'un cœur flétri ; l'appui sur lequel reposait la joie de ses derniers jours qu'un lointain avenir lui montrait embellis par la présence de cet être chéri ; alors, alors, le bras de Dieu frappe et tout est englouti dans la nuit du tombeau. L'ombre de la mort s'étend sur la terre aride et désolée, la vie s'éteint, il n'est plus de bonheur, il n'est plus d'avenir !

Ainsi gémirait l'homme qui n'apercevrait d'autre but

que la mort au terme de sa fugitive existence ; ainsi s'épancherait en douleurs sans consolation et sans espoir le cœur de celui qui, savourant les délices de la vie, ou subissant ses misères, ne soulèverait point le voile mystérieux qui dérobe à nos regards le grand jour de l'éternité. Mais la foi s'élève à la conviction de cet immortel avenir. Au-delà de la vie, au-delà du tombeau, il est pour nous, chrétiens, une réunion qui comble à jamais le vide que la mort nous a fait. Une glorieuse couronne nous attend, elle efface les traces profondes dont la douleur avait sillonné nos fronts ; et lorsqu'à la fin d'une longue carrière, nous arrivons à l'heure où le triomphe succède au sacrifice et le bonheur aux peines dont la résignation seule allégeait pour nous le poids, alors nos actions de grâces montent jusqu'au pied du trône du Tout-Puissant, nous sentons le prix des souffrances, nous comprenons que les amers chagrins qui inondèrent nos âmes, furent des jalons placés de victoire en victoire, à mesure que le temps fuyait et qu'approchait le moment de cueillir les palmes éternelles.

TOULOUSE. — Typographie Delsol.

9 782013 189279